# Inhalt

**Neuer IFRS 3 Business Combinations**

Kernthesen

Beitrag

Fallbeispiele

Weiterführende Literatur

Impressum

# Neuer IFRS 3 Business Combinations

*A.Kaindl*

## Kernthesen

- Im März 2004 veröffentlichte der IASB eine neue Vorschrift zur Bilanzierung von Unternehmenszusammenschlüssen sowie hiermit im Zusammenhang stehende Änderungen der IAS 36 und IAS 38.
- Die mit den neuen Regeln einhergehenden Änderungen in der Bilanzierung von Unternehmensfusionen sind wesentlich und betreffen folgende Bereiche: nur noch eine zulässige Konsolidierungsmethode, Abschaffung der Abschreibung eines Goodwills und Pflicht zur Durchführung einer Werthaltigkeitsprüfung.
- In der Vergangenheit enthielt der Goodwill

häufig auch immaterielle Vermögenswerte, die gesondert aktivierungspflichtig gewesen wären. Die neuen Bilanzierungsvorschriften legen fest, dass alle identifizierbaren immateriellen Vermögenswerte zwingend separat vom Goodwill auszuweisen sind.

# Beitrag

# Neue Vorschrift zur Bilanzierung von Unternehmenszusammenschlüssen

Der International Accounting Standards Board (IASB) veröffentlichte am 31. März 2004 den International Financial Reporting Standard 3 (IFRS): Business Combinations sowie hiermit im Zusammenhang stehende Änderungen des International Accounting Standards 36 (IAS 36, Wertminderung von Vermögenswerten) und IAS 38 (Immaterielle Vermögenswerte). IAS 36 und IAS 38 sind ältere Standards und behalten die alte Bezeichnung IAS. IFRS ist die Bezeichnung für neue IAS. IFRS 3 regelt die bilanzielle Behandlung von Unternehmenszusammenschlüssen. Er ersetzt den bisherigen Standard IAS 22. IFRS 3 soll eine

Verbesserung der Qualität der Rechnungslegung gegenüber den vorherigen Regelungen herbeiführen. Die mit dem neuen Standard einhergehenden Änderungen in der Bilanzierung von Unternehmenszusammenschlüssen sind wesentlich und betreffen folgende Bereiche: mögliche Konsolidierungsmethoden, Abschaffung der Abschreibung eines Goodwills und Durchführung einer Werthaltigkeitsprüfung. (1), (3), (4)

# Einzige zulässige Konsolidierungsmethode unter IFRS 3

Gestattete der bislang gültige IAS 22 unter restriktiven Bedingungen auch die Anwendung der Methode der Interessenszusammenführung (Pooling of Interests) zur Abbildung von Unternehmenszusammenschlüssen, darf nunmehr nur noch die Erwerbsmethode und innerhalb dieser nur noch die Neubewertungsmethode angewandt werden. Danach wird angenommen, dass bei jedem Unternehmenszusammenschluss eindeutig ein Erwerber und ein Übernommener identifiziert werden kann. Der Käufer hat die Konsolidierung vorzunehmen und dabei sämtliche stillen Reserven des erworbenen Unternehmens aufzudecken. Hiermit folgt der IASB der in den Vereinigten Saaten, Kanada und Australien einzig zulässigen Bilanzierungsmethode. Dies fördert eine international bessere Vergleichbarkeit und verbessert den Informationsgehalt von Konzernabschlüssen. Die abgeschaffte Methode der Interessenszusammenführung konnte bislang bei Fusionen von unterschiedlich werthaltigen Firmen angewendet werden, um anschließende Abschreibungen auf den oft über dem Marktwert liegenden Kaufpreis zu vermeiden. Häufig wurden dabei Bewertungsspielräume bei den stillen Reserven bis an die Grenze der Belastbarkeit ausgenutzt. Unternehmen nutzten diese Art der Zusammenführung auch, um nach außen den Eindruck zu erwecken, die beiden Fusionspartner seien gleich stark. (1), (3), (6), (7)

## Abschaffung der Abschreibung eines Goodwills

Bei einem Unternehmenskauf zahlt der Erwerber in der Regel einen Betrag, der höher ist als der Zeitwert der übernommenen Vermögenswerte und Schulden des erworbenen Unternehmens. Dieser Mehrbetrag ist als Goodwill zu aktivieren und wurde bislang planmäßig in den Folgejahren abgeschrieben. Mit IFRS 3 wird die planmäßige Abschreibung des Goodwills abgeschafft. Hierin ist eine deutliche Orientierung an den amerikanischen Standards SFAS 141 und 142 zu erkennen. (6), (9)

Eine Neuerung enthält IFRS 3 auch für den Fall, dass der Kaufpreis für ein Unternehmen geringer ist als der Wert seines Nettovermögens. Bislang wurde dieser Badwill (negativer Goodwill) zum Teil passiviert und in der Folgezeit erfolgswirksam aufgelöst. IFRS 3 verneint die Existenz eines negativen Goodwill und fordert eine sofortige erfolgswirksame Erfassung des Unterschiedsbetrags. (6)

# Durchführung einer Werthaltigkeitsprüfung

Da die planmäßige Abschreibung des Goodwills nach IFRS wegfällt und damit auch die Korrektur eines vielleicht zu hoch angesetzten Firmenwertes, muss die Ermittlung des Goodwills besonders sorgfältig erfolgen. Außerdem werden verstärkte Anforderungen an die Prüfung der Werthaltigkeit des Goodwills gestellt. Aus diesem Grunde ist der Goodwill zukünftig auf die sogenannten zahlungsmittelgenerierenden Einheiten des Konzerns aufzuteilen und einmal jährlich einer Werthaltigkeitsprüfung (Impairmenttest) zu unterziehen. Erst wenn eine Wertminderung festgestellt wird, darf der Goodwill entsprechend abgeschrieben werden. Andernfalls bleibt der Goodwill zu unveränderten Wertansätzen in der Bilanz stehen. Eine Werthaltigkeitsprüfung ist darüber hinaus unterjährig durchzuführen, wenn es aufgrund besonderer Ereignisse Anzeichen für eine wesentliche Wertminderung gibt. Eine Wertaufholung in späteren Perioden ist nicht zulässig, so dass sich hier eine Quelle zum Speisen stiller Reserven entwickeln kann.

Hinsichtlich der Ausgestaltung der Werthaltigkeitsprüfung unterscheidet sich IFRS 3 deutlich von den US-amerikanischen Vorschriften. So sieht IFRS 3 einen einstufigen Ansatz für die Überprüfung der Wertminderung des Goodwills vor. Anfänglich hatte das IASB einen komplexeren zweistufigen Ansatz vorgeschlagen, der mit den US-amerikanischen Vorschriften konform ging. Auf der Grundlage der durchgeführten Feldversuche und der eingegangenen Rückmeldungen, insbesondere zu Erfahrungen mit den derzeitigen US-amerikanischen Anforderungen, beschloss das IASB jedoch, vom US-amerikanischen Ansatz aus Kosten-Nutzen-Gründen abzuweichen. Dennoch spiegeln die Bestimmungen eine Exaktheit in der Ermittlung des Goodwills vor, die längst nicht gegeben ist. Die bilanzielle Behandlung des Goodwills steckt im gleichen Dilemma wie die Prognoserechnungen von Analysten: In der Regel kommt es anders, als man denkt. Deshalb wird es in der Zukunft kaum weniger Goodwill-Berichtigungen geben als bisher. Im Gegensatz zu den regelmäßigen Abschreibungen werden sie aber wesentlich schwieriger zu kalkulieren sein und die Volatilität der Gewinnausweise verstärken. Durch die in guten Jahren unterbliebenen planmäßigen Abschreibungen kann aber, insbesondere in schlechten Jahren, ein plötzlicher außerordentlicher Abschreibungsbedarf entstehen. Dieser kann erhebliche Größenordnungen erreichen und dadurch in kürzester Zeit große Ergebnisschwankungen auslösen sowie eventuell sogar ein Unternehmen in existenzielle Schwierigkeiten bringen. (3), (5), (6), (9)

## Weitere Änderungen der Bilanzierung durch IFRS 3

In der Vergangenheit enthielt der Goodwill häufig auch immaterielle Vermögenswerte, wie beispielsweise Rechte oder Werte, die gesondert aktivierungspflichtig gewesen wären. Der geänderte IAS 38, der die Bilanzierung von immateriellen

Vermögenswerten regelt, hebt deutlicher als bisher hervor, dass alle identifizierbaren immateriellen Vermögenswerte zwingend separat vom Goodwill auszuweisen sind. Identifizierbar sind Vermögenswerte immer dann, wenn sie entweder separat übertragbar oder auf vertraglichen oder gesetzlichen Rechten beruhen. Immaterielle Vermögenswerte, deren Nutzungsdauer nicht bestimmt werden kann, dürfen künftig nicht mehr planmäßig abgeschrieben werden. Vielmehr besteht auch für diese immateriellen Vermögenswerte die Notwendigkeit regelmäßig Werthaltigkeitstests durchzuführen. (1), (6)

Eine weitere Änderung der Bilanzierung betrifft den Ansatz von Restrukturierungsrückstellungen. In der Vergangenheit wurden diese unter bestimmten Umständen allein aufgrund des vorgenommenen Unternehmenszusammenschlusses gebildet. Künftig sind Restrukturierungsrückstellungen nur noch dann passivierbar, wenn sie bereits zum Zeitpunkt des Unternehmenszusammenschlusses beim erworbenen Unternehmen zu bilanzieren gewesen wären. (1)

Eine Neuerung stellt auch die Passivierungspflicht von Eventualverbindlichkeiten des erworbenen Unternehmens im Rahmen des Unternehmenszusammenschlusses dar. (1)

IFRS 3 schreibt die Aufdeckung der stillen Reserven und Lasten für Minderheitenanteile vor. Dies gilt nicht für den auf die Minderheiten entfallenden Anteil am Goodwill. (1)

# Erstmalige Anwendung des IFRS 3

Verfügt ein Unternehmen über die notwendigen Daten, darf es IFRS 3 auf Unternehmenszusammenschlüsse ab einem beliebigen Datum in der Vergangenheit anwenden. Wird von dieser Möglichkeit Gebrauch gemacht, muss jedoch jeder ab dem frei gewählten Zeitpunkt durchgeführte Unternehmenszusammenschluss nach IFRS 3 bilanziert werden. Auch die neuen Fassungen von IAS 36 und IAS 38 sind dann entsprechend anzuwenden. (1)

# Offene Punkte

Der vom IASB verabschiedete IFRS 3 muss noch von der EU-Kommission in europäisches Recht umgesetzt werden. (3)

# Fallbeispiele

Zukünftig dürfen Unternehmen einen Goodwill nicht mehr über einen bestimmten Zeitraum linear abschreiben. Das wird zur Folge haben, dass die betroffenen Unternehmen sofern keine außerplanmäßige Wertminderung vorgenommen werden muss zunächst ihre Jahresergebnisse verbessern. Allerdings werden Unternehmen dafür unregelmäßige, aber potenziell höhere Wertminderungsabschreibungen auf ihren Firmenwert ausweisen müssen, wenn die Ergebnisse des übernommenen Unternehmens nicht so gut sind wie erwartet. Nach Stichproben der Wirtschaftsprüfungsgesellschaft KPMG könnten die künftig fällig werdenden Abschreibungen deutscher Unternehmen zwischen 0 und 195 Prozent des Jahresergebnisses ausmachen. (2)

Beim Zusammenschluss von Daimler Benz und Chrysler im Jahre 1998 wurde die Form der Fusion unter Gleichen genutzt und es wurde die Konsolidierungsmethode Pooling of Interest angewendet. Der Streit, ob nicht doch von Anfang an eine Übernahme geplant war, wird zurzeit vor Gericht verhandelt. Thyssen und Krupp machten ebenfalls von der Methode der Interessenszusammenführung Gebrauch. Auch Deutsche Bank und Dresdner Bank sprachen im Jahr 2000 bei ihrem gescheiterten Fusionsversuch von einem Merger of Equals, obwohl für jedermann erkennbar die Dresdner Bank der Juniorpartner in dieser Verbindung gewesen wäre. DaimlerChrysler sparte sich mit der gewählten Konsolidierungsmethode Goodwill-Abschreibungen in der Größenordnung von $ 26 Milliarden. Denn um diesen Betrag überstieg seinerzeit Chryslers Börsenwert von $ 38 Milliarden das bilanzielle Nettovermögen. Wäre damals die Fusion nach der (heute ausschließlich zulässigen) Erwerbsmethode bilanziert wurden, sähe das in der Gewinn- und Verlustrechnung von DaimlerChrysler ausgewiesene Ergebnis noch viel schlechter aus. Der Operating Profit von Chrysler, der sich seit dem Jahr 1998 bis einschließlich 2003 immerhin noch auf positive EUR 4,7 Milliarden saldiert, hätte selbst bei Verteilung der Goodwill-Abschreibung auf 20 Jahre nach 6 Jahren noch keinen Gewinn zugelassen. (6), (7)

Die den Unternehmen genommene Möglichkeit einer planmäßigen Ausschreibung des Goodwills, wird die Gewinn- und Verlustrechnungen vieler Unternehmen erheblich verändern. Beispielsweise erreichte im Geschäftsjahr 2000 die Goodwill-Abschreibung bei der Metro 52 Prozent des Jahresüberschusses, bei der Preussag/TUI waren es sogar 69 Prozent. Bei beiden

Gesellschaften lag der Goodwill damals höher als das Eigenkapital. Hohe Goodwill-Positionen sind also nicht nur ein Phänomen des Hightech-Sektors und seiner im Börsenboom explodierten Kaufpreise. (6)

Eine EU-Verordnung aus dem Jahr 2002 (siehe Knowledge Summary: IAS-Umstellung 2005) schreibt börsennotierten Unternehmen die Anwendung der IFRS/IAS für den Konzernabschluss verbindlich vor. Der Bertelsmann-Konzern, ein sich auf dem Weg zur Börsenfähigkeit befindliches Unternehmen, wird von 2004 möglicherweise auf planmäßige Firmenwertabschreibungen im Zuge der Anwendung der neuen internationalen Rechnungslegungsvorschriften verzichten. Auf diese Position entfielen im zurückliegenden Geschäftsjahr EUR 717 Millionen. (8)

## Weiterführende Literatur

(1) Die neue Bilanzierung von Übernahmen
aus Frankfurter Allgemeine Zeitung, 05.04.2004, Nr. 81, S. 20

(2) Neue Bilanzregeln nach IFRS lassen Konzerngewinne kräftig steigen
aus Die Welt, Jg. 59, 01.04.2004, Nr. 78, S. 19

(3) Schlußspurt der internationalen Bilanzregeln IFRS

aus Frankfurter Allgemeine Zeitung, 01.04.2004, Nr. 78, S. 13

(4) O. V., Rahmenwerk für IAS-Einführung beschlossen, IASB verabschiedet Standards Künftig ImpairmentTest bei Goodwill-Abschreibungen IAS 39 bleibt strittig, Börsen-Zeitung vom 01.04.2004, Nr. 64, S. 6
aus Frankfurter Allgemeine Zeitung, 01.04.2004, Nr. 78, S. 13

(5) Neue Regeln machen Fusionen transparent Rechnungslegungsstandards fordern bei Zusammenschlüssen künftig klare Verhältnisse in Bezug auf Käufer und Kaufpreis
aus Financial Times Deutschland vom 01.04.2004, Seite 19

(6) Die Mergers of Equals haben ausgedient
aus Börsen-Zeitung, 10.04.2004, Nummer 70, Seite 8

(7) Neue Bilanzregeln verbieten Fusion unter Gleichen Käufer und Kaufpreis müssen künftig bekannt sein
aus Financial Times Deutschland vom 01.04.2004, Seite 1

(8) Bertelsmann wieder auf Wachstum gepolt Operative Ziele 2003 übererfüllt - Schuldenabbau abgeschlossen - Kapitalkosten nicht verdient
aus Börsen-Zeitung, 31.03.2004, Nummer 63, Seite 15

(9) Der künftige Jahresabschluss in der

Versicherungskreditanalyse
aus Versicherungswirtschaft, 15.3.2004, 59.Jg., Nr. 06,
S. 381

# Impressum

## Neuer IFRS 3 Business Combinations

**Bibliografische Information der deutschen Nationalbibliothek**

Die Deutsche Nationalbibliothek verzeichnet diese Publikation in der deutschen Nationalbibliografie; detaillierte bibliografische Daten sind im Internet über http://dnb.d-nb.de abrufbar.

ISBN: 978-3-7379-1315-7

© 2015 GBI-Genios Deutsche Wirtschaftsdatenbank GmbH, Freischützstraße 96, 81927 München, www.genios.de

Alle Rechte vorbehalten. Dieses Werk ist einschließlich aller seiner Teile – z.B. Texte, Tabellen und Grafiken - urheberrechtlich geschützt. Jede Verwertung außerhalb der Grenzen des Urheberrechtsgesetzes bedarf der vorherigen Zustimmung des Verlags. Dies gilt insbesondere auch für auszugsweise Nachdrucke, fotomechanische Vervielfältigungen (Fotokopie/Mikroskopie), Übersetzungen, Auswertungen durch Datenbanken oder ähnliche Einrichtungen und die Einspeicherung und Verarbeitung in elektronischen Systemen.